LA GENTE DE MI VECINDARIO

EL POLICÍA

Jared Siemens

LIGHTBOX
openlightbox.com

Entre a **www.openlightbox.com** e ingrese el código único de este libro.

CÓDIGO DE ACCESO

LBH77999

Lightbox es una completa solución digital para enseñar y aprender temas curriculares de una manera original e innovadora. Lightbox se basa en las Normas Curriculares Nacionales.

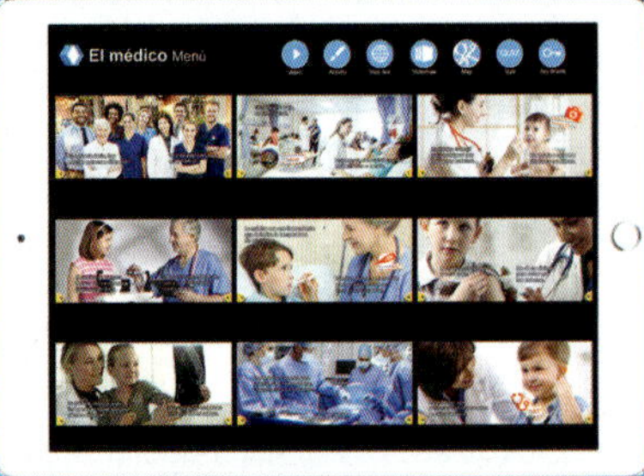

OPTIMIZADO PARA

- ✓ TABLETAS
- ✓ PIZARRAS ELECTRÓNICAS
- ✓ COMPUTADORAS
- ✓ ¡Y MUCHO MÁS!

CARACTERÍSTICAS ESTÁNDAR DE LIGHTBOX

AUDIO Narraciones de alta calidad con sistema de texto a voz

VIDEOS Videoclips de alta definición incorporados

ACTIVIDADES PDFs imprimibles que pueden enviarse por correo electrónico y calificarse

ENLACES WEB Enlaces cuidadosamente seleccionados con recursos seguros para niños

PRESENTACIÓN EN DIAPOSITIVAS Ilustraciones gráficas de los conceptos clave

MAPAS INTERACTIVOS Mapas interactivos e imágenes satelitales aéreas

CUESTIONARIOS Diez preguntas de elección multiple con puntaje automático que se envían por correo electrónico al docente para su evaluación

PALABRAS CLAVE Combinación de los conceptos clave con sus definiciones

VIDEOS

ENLACES WEB

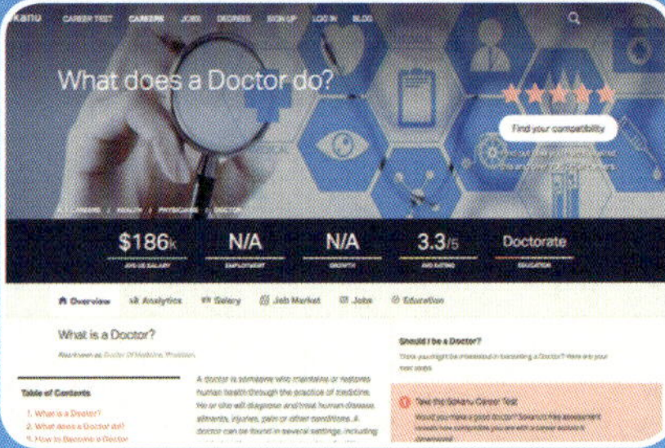

PRESENTACIÓN EN DIAPOSITIVAS

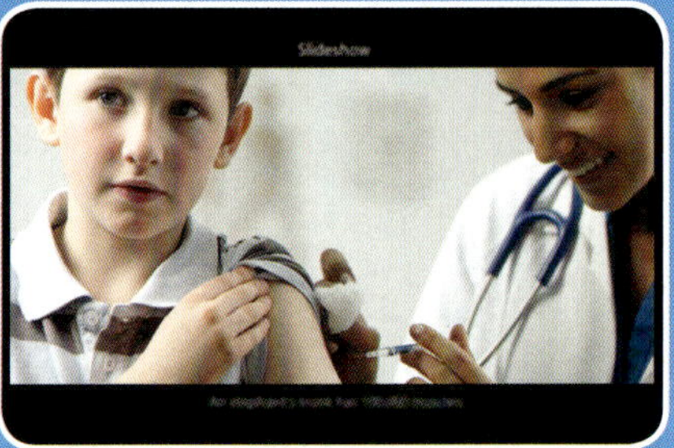

CUESTIONARIOS

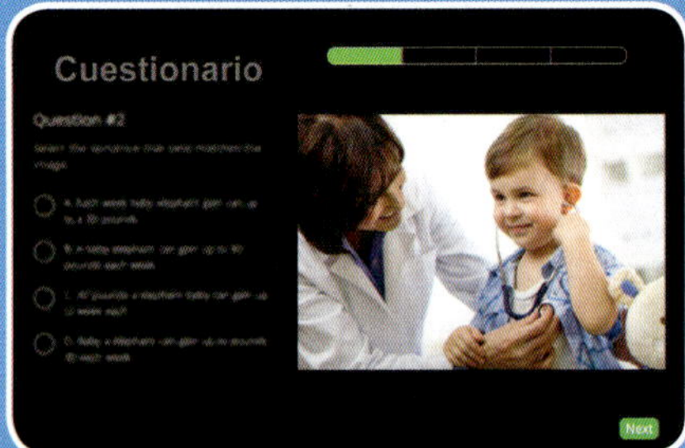

LA GENTE DE MI VECINDARIO

EL POLICÍA

CONTENIDOS

En mi vecindario, hay muchas personas diferentes.

Una de esas personas es el policía.

El policía trabaja en
una estación de policía.

La gente puede ir a una estación de policía a denunciar un problema.

El **Departamento de Policía de la ciudad de Nueva York** es el **más grande** de los **Estados Unidos**.

El policía protege a la gente.

Se asegura de que todos cumplan las reglas.

La gente llama a la policía cuando hay un accidente de tránsito.

El policía averigua
cómo ocurrió
el accidente.

Los policías trabajan con perros policías.

Estos perros usan su olfato para ayudar a los policías.

Los policías buscan a las personas perdidas.

Las encuentran y las ayudan a regresar a su casa.

El policía detiene a las personas que conducen muy rápido.

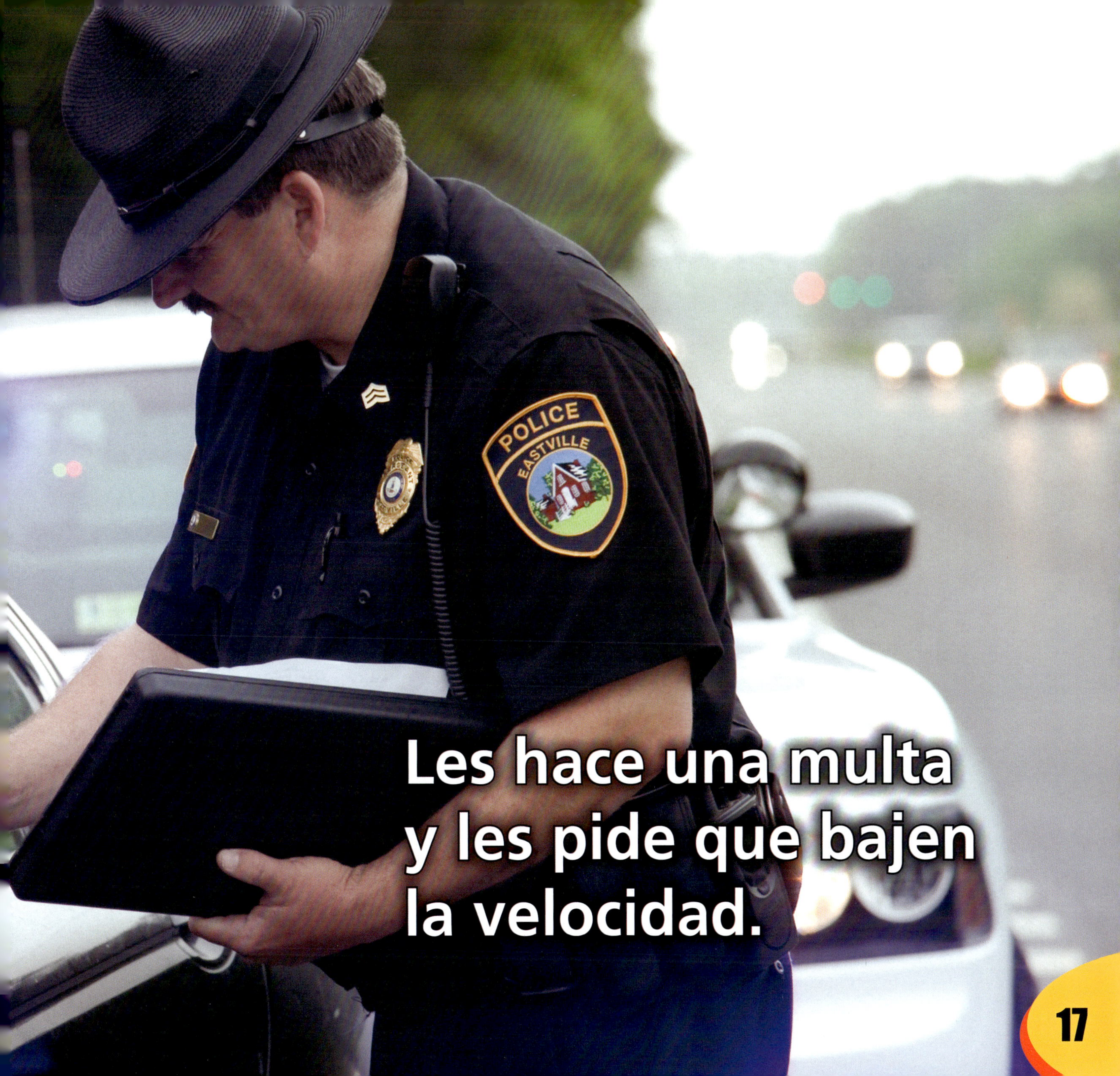

Les hace una multa y les pide que bajen la velocidad.

Los policías me enseñan sobre las reglas y la seguridad.

Me dicen que llame al 911 si alguien está en peligro.

Los policías son personas muy importantes en mi vecindario.

POLICE
POLICE DEPARTMENT
CITY OF NEW YORK

Veamos lo que has aprendido sobre el policía.

Describe lo que ves en cada imagen.

Published by Smartbook Media Inc.
350 5th Avenue, 59th Floor New York, NY 10118
Website: www.openlightbox.com

Library of Congress Control Number: 2017961971

ISBN 978-1-5105-3414-8 (hardcover)
ISBN 978-1-5105-3415-5 (multi-user eBook)

Printed in the United States of America in Brainerd, Minnesota
1 2 3 4 5 6 7 8 9 0 22 21 20 19 18

012018
011518

Spanish Project coordinator: Sara Cucini
Spanish Editor: Translation Services USA
English Project coordinator: Jared Siemens
Designer: Nick Newton

Every reasonable effort has been made to trace ownership and to obtain permission to reprint copyright material. The publisher would be pleased to have any errors or omissions brought to its attention so that they may be corrected in subsequent printings.

The publisher acknowledges Alamy, Getty Images, and iStock as its primary image suppliers for this title.